NOTICE

BIOGRAPHIQUE

SUR

M. LE DUC DE VICENCE.

NOTICE
BIOGRAPHIQUE
SUR
M. LE DUC DE VICENCE.

PARIS.

LE NORMANT FILS, IMPRIMEUR DU ROI,

RUE DE SEINE, Nº 8, F. S. G.

CAULAINCOURT,

DUC DE VICENCE.

CAULAINCOURT (ARMAND-AUGUSTIN-LOUIS DE), duc de Vicence, lieutenant-général des armées françaises, grand'croix de la Légion-d'Honneur et des ordres de Saint-André de Russie, de Léopold d'Autriche, de Saint-Hubert de Bavière, de la Fidélité, de Saint-Joseph, etc...; sénateur, ambassadeur, ministre des affaires étrangères, plénipotentiaire à trois congrès.

M. de Caulaincourt naquit en 1775, au château de Caulaincourt, entre Péronne et Saint-Quentin, d'une des plus anciennes et des plus illustres familles de Picardie. A peine sorti de l'enfance, il entra dans l'armée avec un grade dans la cavalerie et servit comme aide-de-camp de son père, le marquis de Caulaincourt, lieutenant-général. Destitué comme noble, en 1792, il se trouva compris, un an après, dans la première réquisition. Peut-être il eût semblé dur à tout autre de reprendre, pour ainsi dire, à partir du premier degré, une échelle sur laquelle sa naissance l'avait tout d'un coup placé assez haut; pour lui, ce fut une occasion de signaler dès lors, la force de son caractère et de montrer que des âmes de cette trempe n'ont pas besoin de la fortune. Il partit comme simple soldat d'infanterie; plus tard il passa dans la cavalerie et y parcourut tous les grades inférieurs. Dans un autre temps et lorsqu'il se fut replacé par lui-même au rang le plus élevé de la société, il aimait à revenir sur ces rudes épreuves de sa jeunesse et à en raconter quelques circonstances. Le sentiment qui l'animait dans le récit du fait que nous allons rapporter n'était pas seulement cette satisfaction tranquille et personnelle que trouve un esprit élevé dans la conscience de sa force et dans la conviction qu'il n'est redevable de rien qu'à lui-même; c'était encore et surtout le vif et religieux attachement qu'il conserva toujours pour sa mère. Dans son âme sérieuse et tendre cet amour était comme un culte, et il n'appelait point celle qui en était l'objet autrement que *sa providence*.

Vers la fin de 1793, M. de Caulaincourt, traversant avec le corps dont il faisait partie, une de nos principales villes de l'Ouest, fut reconnu, dans l'obscurité des rangs, par un personnage qui jouissait d'une haute influence, et dénoncé comme suspect, aristocrate et *ci-devant*, toutes dénominations qui, dans le style légal de cette époque, représentaient plus d'un crime capital. Jeté dans les cachots, par suite de cette délation, il ne lui était pas aisé de prévoir le terme de sa captivité, lorsqu'il vit arriver à lui un homme à l'intérêt duquel il ne s'attendait guère, et qui s'engagea à le rendre à la liberté. Cet homme était le geôlier de la prison. Sa femme s'était trouvée dans la plus affreuse misère et la charité de Mme de Caulaincourt l'en avait tirée. Il ne l'avait point oublié; et comme malheureusement il s'était montré aussi redoutable en d'autres occasions, qu'il se montrait humain alors envers le fils de sa bienfaitrice, il comptait sur son crédit pour contrebalancer celui du dénonciateur. Il fit donc des démarches; mais les voyant inutiles, il ne craignit pas de s'exposer aux dangers de sa reconnaissance. M. de Caulaincourt rejoignit son corps, non sans avoir été comblé des bénédictions et des présens de la femme de son libérateur; présens bien simples, mais précieux pour un soldat et pour un prisonnier. Dans la suite, le duc de Vicence ayant suivi Napoléon à Anvers, et se trouvant environné, auprès de la personne du souverain, de tout l'éclat de sa charge de Grand-écuyer, reconnut à son tour celui dont le crédit, alors singulièrement éclipsé, avait failli autrefois lui être si fatal. Le malheureux n'osait compter sur une mémoire moins fidèle que la sienne; mais le duc de Vicence se contenta de lui dire à demi-voix, en passant à côté de lui : « Il me » semble, Monsieur, que nous nous sommes vus à A***, » en l'an II? » Ce fut là toute sa vengeance; et cet homme ayant eu le même jour une faveur à solliciter auprès de l'Empereur, n'eut point à se plaindre de l'influence du Grand-écuyer. Quant à celui qu'il appelait lui-même son sauveur, il le fit chercher en vain pour lui témoigner sa gratitude.

En l'an III, le général Hoche fit élever ou plutôt remonter M. de Caulaincourt au grade de capitaine, et ce général le loua publiquement « d'avoir préféré l'honneur » de combattre, à la facilité qu'il eût trouvée de se » mettre à l'abri des dangers de la guerre dans quelque » service administratif. »

Après le 9 thermidor, il devint aide-de-camp du général Aubert-Dubayet et le suivit dans une mission à Venise et à Constantinople. Chargé, peu de temps après, d'accompagner l'ambassadeur que la Porte envoyait à la République française, il obtint à son retour, le grade de chef d'escadron dans le 8e de cuirassiers, et le général d'Harville, son oncle, le prit en même temps pour aide-de-camp. En 1799, il fut nommé colonel du 2e régiment de cuirassiers, dont la discipline, comme celle de beaucoup d'autres corps, s'était singulièrement relâchée : y rétablir l'ordre n'était pas chose facile ; cependant une pareille tâche n'effraya point un colonel de vingt-cinq ans. Un esprit sévère de méthode et de justice et quelques exemples d'une rigueur nécessaire eurent le succès le plus complet, et le fruit ne s'en fit pas long-temps attendre. Dans la campagne de l'an VIII, sous Moreau, les brillantes charges du 2e de carabiniers assurèrent et plus d'une fois fixèrent la victoire ; et sur le champ de bataille de Hohenlinden, le général en chef offrit au colonel de ce corps d'élite le grade de général de brigade qu'il ne voulut point accepter, et qu'il refusa une seconde fois, six mois après, pour rester avec ses carabiniers.

Vers cette même époque, le chef du gouvernement avait voulu mettre à profit pour ses projets, l'enthousiasme que ses victoires et ses politiques égards pour quelques milliers de prisonniers moscovites avaient inspiré à l'autocrate du Nord. Le général Duroc venait d'être envoyé en Russie, lorsqu'il fut arrêté, à moitié chemin, par la nouvelle de la chute sanglante de Paul Ier. La situation de l'envoyé français devenait singulièrement compliquée, par suite de cette catastrophe. Ses dispositions premières, ses instructions, ses lettres de créance, tout était à changer. Le général Hédouville fut nommé pour le remplacer, et M. de Caulaincourt précéda le nouvel ambassadeur à Saint-Pétersbourg, et se présenta, au nom de la France, au jeune empereur de

Russie. « Ce fut là, » comme on l'a dit dans une notice biographique dont nous répétons les propres expressions, faute de pouvoir mieux dire, « qu'il commença » à faire remarquer cette dignité dans les manières, cette » gravité dans le langage, cette parfaite mesure qui » l'appelaient à se distinguer dans la carrière diplo- » matique. » On peut ajouter que ce fut là aussi que se nouèrent les premiers liens de cette affection que lui voua l'empereur Alexandre, affection également honorable pour le monarque et pour celui qui en fut l'objet, et qui n'en profita jamais que dans le plus grand intérêt de son souverain et de son pays. Comme s'il eût eu quelque pressentiment de l'importante mission que l'avenir lui destinait, M. de Caulaincourt fit un long détour par Moscou, pour revenir en France, et rassembla dès lors sur les ressources de l'empire russe quelques renseignemens qu'il put aisément compléter dans la suite, et dont l'avantage eût été grand, si l'on eût su en profiter.

A son retour de cette mission, M. de Caulaincourt fut appelé comme aide-de-camp auprès du premier Consul; et lorsque les Tuileries, même avant la proclamation de l'Empire, commencèrent à prendre l'aspect et l'étiquette d'une Cour, il fut chargé des fonctions de grand-écuyer. C'est à cette époque de la vie du duc de Vicence que se rattache, par une fatalité déplorable, le souvenir d'une catastrophe à laquelle il resta le plus complètement étranger, mais dont la haine et l'ignorance ont su cruellement profiter pour noircir un noble caractère. Ce n'est pas, nous l'avouons, sans quelque répugnance que nous allons reproduire ici une apologie déjà présentée ailleurs, avec une pleine évidence. Nous voudrions nous contenter d'opposer à une imputation sans fondement une vie consacrée tout entière à l'honneur et au devoir, et nous renfermer sur ce point, dans ce silence plein de dignité et de pudeur que M. de Caulaincourt s'imposa à lui-même, lorsqu'il eut répondu, une fois pour toutes, à ses ennemis[1]. Mais comme de la plus insigne calomnie il reste toujours quelque chose, et comme celle-ci a empoisonné quelques instans de la vie de celui qu'elle avait choisi pour victime, nous croyons de notre devoir de reproduire quelques unes des réfutations qui ont servi à la repousser. Ces réfutations sont puissantes; ce sont des pièces officielles et les témoignages de personnes pour la plupart encore vivantes et dont on ne peut suspecter l'impartialité. Encore une fois, ce n'est pas notre faute si, dans une circonstance où le nom de l'infortuné duc d'Enghien et celui de M. de Caulaincourt se rencontrent ensemble, ce dernier est appelé à devenir le sujet d'une apologie.

On sait quelles tentatives, au commencement de l'année 1804, menacèrent la vie du premier Consul. Sur les bruits d'une expédition à laquelle d'autres intérêts firent renoncer, mais qui, en dépit du ridicule dont on a essayé de la couvrir, avait inspiré à l'Angleterre des craintes sérieuses, cette puissance, pour distraire peut-être une attention qu'elle voyait avec inquiétude fixée sur ses rivages, redoubla contre son ardent ennemi, le jeu de tous les ressorts qu'elle avait de longue main préparés. Des agens anglais étaient les machinateurs de toutes ces trames. Des ambitions déçues, des rivalités éclipsées, quelques hommes crédules et des femmes d'intrigue en étaient les instrumens. Il est évident que nous ne parlons ici que de complots subalternes, sans liaison avec l'in-

1 Par l'éloquente et lumineuse consultation de Me Dupin aîné, insérée dans la collection des Mémoires sur la Révolution Française. Paris, Baudouin frères.

térieur, sans but bien déterminé, et en définitive sans résultat, qui s'agitèrent quelque temps sur la rive droite du Rhin.

Comme dans certaines conspirations qui signalèrent, chez une nation voisine, une époque qui n'est pas sans ressemblance avec celle dont nous nous occupons, on rencontre avec quelque étonnement dans celles-ci, des hommes à qui le métier chanceux de conspirateur réussissait aussi mal qu'il convenait peu à leur habit et à leur caractère. Souvent il leur arrivait de prendre de confiance, pour auxiliaires, leurs plus anciens et plus irréconciliables ennemis. Les agens de l'Angleterre accueillaient les uns et les autres avec une égale faveur, promettant à ceux-ci le rétablissement de la constitution de 1792, aux autres la restauration de la monarchie légitime. Parmi ces conspirateurs réels, s'étaient glissés quelques faux frères, hommes dévoués au premier Consul plus qu'à la République, et qui le tenaient au courant des progrès de l'entreprise. C'était au plus adroit de ces émissaires secrets que le ministre d'Angleterre auprès de la cour de Munich avait dit, dans une singulière effusion de confiance : « Servez-vous toujours du » parti royaliste, et lorsque vous aurez terrassé Buo- » naparte, il vous sera très-facile de *vous purger* de ce » qui ne sera pas de votre parti, comme vous l'avez déjà » fait dans la Révolution. »

Le territoire de Baden était le théâtre de ces complots, et c'était particulièrement à Offenbourg que se trouvaient ceux dont nous venons de parler. La présence d'un jeune prince de la Maison de Bourbon à Ettenheim, parut à tort devoir s'y rattacher, et sur un ordre fatal qui violait, en vertu du seul droit du plus fort, les priviléges d'un territoire neutre, ce prince fut enlevé par un coup de main.

Ce ne fut point à M. de Caulaincourt que cette mission fut confiée, mais à un officier-général, son ancien en grade et placé bien plus haut que lui, à cette époque, dans la confiance du chef de l'Etat; seulement, dans le même temps où le général Ordener fut chargé de l'expédition toute militaire d'Ettenheim, un ordre différent dirigeait vers un autre point du Grand-duché le général Caulaincourt, avec des instructions d'une importance comparativement très-secondaire.

Nous venons de dire que ces deux ordres, d'une nature si diverse, furent expédiés A PEU PRÈS *dans le même temps*. Il faut remarquer que celui dont M. de Caulaincourt était porteur, fut postérieur à l'autre de vingt-quatre heures : le général Ordener partit le 11 mars, le général Caulaincourt le 12.

L'ordre donné au général Ordener, le 11, lui enjoignait :[1] « de partir de Paris, en poste; de se rendre, le » plus rapidement possible, et sans s'arrêter un instant, » à Strasbourg; de voyager sous un autre nom que le » sien; de *se diriger droit à Ettenheim; de marcher » droit à la maison du duc d'Enghien.* »

L'ordre donné à M. de Caulaincourt, le 12, ne lui recommande ni tant de mystère, ni cet enlèvement au pas de charge; il y est dit simplement : qu'*il se rendra en poste à Strasbourg; qu'il y accélérera la construction et la mise à l'eau des bâtimens légers qu'on y construit pour la marine; qu'il prendra des renseignemens...... pour faire arrêter les agens du gouvernement anglais qui sont à Wissembourg et à Offenbourg, notamment la baronne de Reich, si elle n'est pas déjà arrêtée.* Le ministre des relations extérieures adresse aussi, le 12, à

1 Pièces officielles. — *Mémoires histor. sur la catastrophe du duc d'Enghien*, pag. 226, collection des frères Baudouin.

M. de Caulaincourt, une lettre pour le ministre principal de l'électeur de Bade. Il lui recommande de ne point remettre cette lettre, s'il ne se trouve pas dans le cas de faire entrer des troupes dans les États de l'électeur, ou s'il apprend que le général Ordener n'en a point fait entrer. Mais, quant à l'opération confiée au général Ordener, il n'en est fait aucune mention, ni dans l'ordre du ministre de la guerre, ni dans les instructions du ministre des relations extérieures. Le général Ordener est autorisé, il est vrai, à se faire appuyer, *en cas de besoin*, par le lieutenant-général commandant la division, et par le général Caulaincourt, et à se former avec eux en conseil; mais l'*ordre du général Caulaincourt ne lui prescrit rien à cet égard;* et, comme le cas de nécessité ne se présenta pas, *il ne put connaître la part qui lui avait été destinée dans cette expédition, que lorsqu'elle fut terminée.*

Ce fut dans la nuit du 14 au 15 mars (23-24 ventose) que le général Ordener dirigea de Schelestadt ses troupes sur Ettenheim, où M. le duc d'Enghien fut enlevé. Dans la même nuit, les généraux Caulaincourt et Leval partaient de Strasbourg et se portaient sur Wilstadt, lieu intermédiaire entre Strasbourg et Offenbourg, où ils envoyèrent un détachement pour exécuter les arrestations de MM. de Reich et d'autres émigrés, conformément à l'ordre qu'avait reçu le général Caulaincourt. Il est à remarquer que ces deux expéditions étaient entièrement distinctes, puisque les lieux de départ n'étaient pas les mêmes, le but différent, qu'elles n'avaient aucune communication l'une avec l'autre, et que Wilstadt est à dix lieues d'Ettenheim. Nombre de témoins oculaires attestent avoir vu, à différentes heures de cette même nuit, « le général Caulaincourt à *Wilstadt*, » avec le général Leval, commandant la division de

» Strasbourg, accompagné d'un corps de troupes fran-
» çaises, dont un détachement avait l'ordre d'enlever,
» à Offenbourg, la baronne de Reich, et plusieurs émi-
» grés. » Un de ces témoins, émigré lui-même, atteste de plus que, « dans le nombre des personnes arrêtées » avec la baronne de Reich, se trouvaient MM. les comtes » de Mallet, de la Saullay, et autres, qui furent mis « sur-le-champ en liberté, et qu'il leur a entendu dire » qu'ils la devaient à M. de Caulaincourt [1]. »

La malveillance ne s'est point contentée d'imputer à M. de Caulaincourt l'arrestation du duc d'Enghien. Il semble, quelque peu croyable que cela puisse paraître, qu'elle alla jusqu'à lui imputer l'exécution du sinistre arrêt qui fit couler un sang royal dans les fossés de Vincennes. Sur ce point, il suffirait d'en appeler aux témoins non suspects [2], qui attestent *avoir vu* M. de Caulaincourt *à Lunéville*, dans la nuit du 20 au 21 mars; si, d'ailleurs, ceux qui ont eu le malheur d'avoir les premiers rôles à remplir dans cette lamentable scène, n'avaient pris soin d'en publier tous les détails, sans que jamais le nom de M. de Caulaincourt se soit rencontré dans leur récit.

Depuis long-temps la vérité de ces faits a été reconnue de tous ceux qui se sont trouvés à portée de les examiner. On pourrait en apporter pour preuve plus d'un témoignage; il en est un surtout qui nous semble de

1 Lettre de M. Roussel, officier supérieur émigré. *Mém. histor.* p. 210.

2 MM. le lieutenant-général comte Leval, de Roussel, chevalier de Saint-Louis, chef de bataillon, le comte de la Vieuville, préfet de l'Allier, le lieutenant-général baron de Berckheim, ancien député du Haut-Rhin, Guérin, ex-capitaine de carabiniers, membre de la Légion-d'Honneur, etc.

nature à n'être point récusé. Napoléon lui-même, que, certes, on ne louera pas d'une extrême discrétion vis-à-vis de ceux qui avaient eu à exécuter ses volontés, et qui, d'ailleurs, ne voyait point un crime dans l'obéissance à un ordre tout militaire, a pris soin d'absoudre le duc de Vicence de toute justification à l'enlèvement du malheureux prince, avec cette dialectique précise, vive et mathématique, qui lui était propre comme son langage [1].

Au mois de juillet 1804, la charge dont M. de Caulaincourt remplissait, depuis long-temps, les fonctions, devint, par la proclamation de l'Empire, une des premières dignités à la nouvelle couronne; il était naturel qu'il continuât d'en être revêtu. Le 1er février 1805, il fut promu au grade de général de division, en même temps qu'un certain nombre de généraux de brigade, dont quelques-uns étaient moins anciens que lui de rang et de service. Le 2, il fut décoré du grand-cordon de la Légion-d'Honneur, avec tous les grands-fonctionnaires de l'Empire, au nombre desquels sa charge le faisait compter. Napoléon, qui venait d'entrer dans les voies des vieilles monarchies, croyait qu'il importait à sa politique d'en suivre les erremens; et, pour ajouter à la pompe d'une cour toute créée par le seul ascendant de sa fortune, il répandait, de préférence, ses faveurs sur les noms en quelque sorte monarchiques, dont il s'appliquait dès lors à s'entourer. « A cette cour, dit l'au» teur de la notice que nous avons déjà citée, on vit » M. de Caulaincourt conserver constamment un main» tien plein de dignité et de réserve. On retrouvait en

1 Voir, dans les *Mémoires pour servir à l'Hist. de France, sous Napoléon*, écrits à Sainte-Hélène, tom. II, rédigés par le général Montholon, pag. 339 et suiv., une note de la main de Napoléon.

» lui cette habitude de respect sans servilité, de zèle » sans flatterie, d'obéissance éclairée, de fermeté sin- » cère dans le langage, qui rappelait la tradition d'une » monarchie où le pouvoir absolu était tempéré par de » nobles mœurs. »

Le duc de Vicence fit, comme grand-écuyer de l'Empereur, les glorieuses campagnes de 1805, 1806 et 1807. En 1807, il fut nommé ambassadeur en Russie.

Les deux premières années de cette ambassade firent autant d'honneur à l'habileté du duc de Vicence, que les deux autres à sa loyauté. L'empereur Alexandre lui montra par le plus obligeant accueil, qu'il avait conservé le souvenir de sa mission de 1801, et dès ce moment s'établit entre le czar et notre ambassadeur une confiance que ni l'un ni l'autre ne trahirent jamais. Napoléon, attaché contre l'Angleterre à ces plans d'humiliation et d'abaissement qui avaient illustré les règnes de Louis XIV et de Louis XVI, exigeait des puissances continentales d'immenses sacrifices, dont la compensation ne se montrait pas comme prochaine. Le duc de Vicence sut les obtenir de l'empereur Alexandre, bien qu'il eût à lutter à la fois et contre l'intérêt, au moins présent, de la Russie, et contre les protestations de la famille impériale et des seigneurs, et contre le cri unanime des sujets moscovites. La reconnaissance du roi Joseph, malgré la funeste et décisive capitulation de Baylen, l'entrevue d'Erfurt, et la Russie entraînée à déclarer à l'Autriche une guerre réprouvée par tous les esprits moscovites, hormis l'Empereur; tels furent les premiers fruits du crédit dont jouissait l'ambassadeur de France.

En même temps qu'il remplissait avec une si heureuse habileté et avec cette conscience qui le caractérisait, les devoirs que lui imposait ce titre, le duc de Vicence ne négligeait rien pour inspirer à la vieille cour vers laquelle on l'avait envoyé, une grande idée de la cour de récente origine dont il était le représentant. Depuis plus de quinze ans, sauf quelques exceptions récentes, la diplomatie française s'était peu piquée de soumission aux lois de l'étiquette et aux anciens usages des cours étrangères. Un laconisme énergique qui marchait droit au fond des choses, non sans heurter parfois les formes; ensuite une sorte de laisse-aller tout militaire, une franchise un peu vive, un peu turbulente, peu façonnée aux ménagemens, et qui se sentait de l'habitude de discuter les intérêts politiques ailleurs que dans le cabinet; tel avait dû paraître le caractère dominant des négociations de la France, à ces antiques et formalistes légations de l'Europe, dont les habitudes et les mœurs de salon s'arrangeaient mal d'une simplicité, et, si nous pouvons ainsi parler, d'une roideur en affaires qui n'étaient pas toujours exemptes de rudesse. Elles s'étaient étonnées d'avoir affaire aux représentans d'un peuple, ou d'une armée; elles se rassurèrent en reconnaissant les traditions d'une Cour. Le duc de Vicence prit tout d'abord le rang assigné par les événemens à la première puissance militaire de l'Europe. Puis il porta dans toute sa représentation, une courtoisie, une urbanité, une magnificence, un éclat de bon goût, qui rappelèrent aux étrangers l'ancienne autorité de la France, en fait d'élégance dans les manières et de délicatesse dans les rapports de société. C'était ressaisir une portion d'empire quelque temps abdiquée. Des fêtes brillantes signalèrent cette restauration toute française; et des têtes couronnées y parurent. Toutefois la générosité du duc de Vicence ne se bornait point à donner des fêtes. Elle prévint souvent plus d'un malheur noblement supporté, et ses bienfaits allaient chercher tantôt l'étranger compromis par son attachement aux intérêts politiques de la France, tantôt le Français condamné à vivre dans l'exil par sa fidélité à une royale infortune.

Tant que Napoléon persista dans ses plans d'alliance et de paix avec la Russie, le duc de Vicence n'eut pas de peine à soutenir un rôle pour le succès duquel il ne fallait qu'habileté et loyauté. Mais quand d'un côté les refus mal déguisés du czar qui n'avait pu se résoudre à immoler d'un seul coup tous les préjugés de naissance, de famille, de nation; d'un autre, les froissemens d'un orgueil légitimé par le génie et par la fortune, eurent rompu cette communauté factice d'intérêts que tant de causes moins personnelles tendaient d'ailleurs à dissoudre; quand avant une rupture ouverte les relations diplomatiques des deux cours impériales commencèrent à s'empreindre d'artifice et de défiance, le duc de Vicence gémit d'un changement de politique qui lui paraissait contraire aux intérêts de la France, et demanda son rappel, qui lui fut définitivement accordé en 1811.

Le duc de Vicence suivit l'Empereur à cette guerre contre laquelle il ne négligeait d'ailleurs aucune occasion de protester. C'était un mauvais moyen de faire sa cour, et Napoléon ne laissait passer non plus aucune occasion de le lui faire sentir[1]. Ces avertissemens d'une voix qu'il trouvait d'autant plus importune qu'il ne pouvait la juger suspecte, le troublaient au milieu de ses vastes espérances. Il essayait mais toujours en vain, tantôt par la séduction puissante de son esprit, tantôt par toutes les apparences de la disgrâce, d'ébranler la ferme conviction du Grand-écuyer, et de vaincre une franchise persévérante et parfois impétueuse[2]. Ces singulières

1 *Hist. de Napoléon et de la Grande Armée, pendant l'année* 1812, par le général comte de Ségur, tom. I, p. 86 et 96.

2 *Hist. de Napoléon*, p. 227.

altercations entre un souverain tout-puissant qui ne peut obtenir qu'on le flatte, et un sujet plus ami de la vérité que de la faveur, devinrent un jour si vives, que le duc de Vicence voulut quitter la Grande armée et demanda le commandement d'une division en Espagne[1]. Il ne l'obtint pas, et Napoléon dont la condescendance était grande pour ceux dont il avait éprouvé le dévouement, mit une bonté particulière à apaiser le duc de Vicence et à le retenir près de lui.

La journée la plus glorieuse qui ait lui au milieu des revers de cette désastreuse campagne, fut un jour de deuil pour le duc de Vicence. Son frère, officier-général plein de jeunesse et d'avenir, fut tué à la bataille de la Moscowa, après avoir emporté cette redoute trop fameuse devant laquelle étaient tombés Fabvier blessé et Montbrun mort. Laissons parler l'historien de la Grande-armée[2] : « On courut annoncer à l'Empereur cette victoire et cette perte. Le Grand-écuyer frère du malheureux général écoutait : il fut d'abord saisi ; mais bientôt il se roidit contre le malheur, et sans les larmes qui se succédaient silencieusement sur sa figure, on l'eût cru impassible. L'Empereur lui dit : *Vous avez entendu ; voulez-vous vous retirer?* Il accompagna ces mots d'une éxclamation de douleur *Mais en ce moment nous avancions contre l'ennemi*, le Grand-écuyer ne répondit rien ; il ne se retira pas, seulement il se découvrit à demi pour remercier et refuser. » Le duc de Vicence se trouve tout entier dans ces quelques lignes. Telle était son âme, ouverte à tous les sentimens tendres, mais asservie pour ainsi dire au culte du devoir.

1 *Hist. de Napoléon*, p. 175.

2 *Campagne de* 1812, tom. I, p. 401.

Lorsque Napoléon, ne pouvant se résigner à désespérer d'une réconciliation même après l'incendie de Moscou, voulut rétablir des négociations avec Alexandre, le duc de Vicence lui fit observer que toute lenteur diplomatique ferait perdre un temps précieux pour le retour de l'armée en Pologne. La retraite fut ordonnée. L'Empereur la dirigea jusqu'à Malodeczno. Là notre malheureuse armée trouva quelques vivres et des fourrages. Napoléon, qui venait de jouer noblement son rôle de général, se rappela son devoir et ses intérêts d'empereur. Il savait que des bruits sinistres avaient été semés par ses ennemis. Un conspirateur hardi avait tenté d'exploiter à son profit l'obéissance passive de l'Empire, et il lui avait suffi, pour ébranler profondément la dynastie impériale, d'annoncer la mort de celui qui en était le chef. Napoléon sentait combien sa présence à Paris était nécessaire, et son retour fut résolu. Depuis plusieurs mois, n'ayant pu amener le duc de Vicence à son opinion sur la guerre, il le repoussait de toute son intimité. Tout à coup il est ordonné au Grand-écuyer de tout préparer pour le départ. Tel était l'ordre qu'il avait su entretenir dans le service qui relevait de sa charge, au milieu même de tant de désastres, que tout se trouva prêt sur la demande de l'Empereur : celui-ci avait à choisir un seul compagnon fidèle et sûr, à qui il pût confier sa fortune et sa vie pendant un si long voyage, à travers un pays ennemi ou désaffectionné. Son choix s'arrêta sur le duc de Vicence. L'Empereur partit le 5 décembre 1812, après avoir laissé à Murat le commandement de l'armée. Le climat de la Russie qui avait dévoré la Grande-armée parut vouloir jeter une dernière malédiction sur l'ennemi forcé d'abandonner le territoire russe : le froid redoubla, et sept cents Italiens qui servaient d'escorte à l'Empereur, jeunesse accoutumée au soleil de Naples, périrent de froid dans le trajet de Smorgrug à Wilna.

Nous ne raconterons point les détails de ce singulier tête-à-tête; ils appartiennent à un ouvrage plus étendu, plus considérable, et destiné à plus de publicité que cette simple notice biographique. C'est aussi là que se trouveront des renseignemens précieux pour l'histoire, sur les missions et sur la vie politique du duc de Vicence. Quant à ce qui se rattache au récit de ce curieux voyage, on y verra combien de jugemens neufs et piquans et sur les hommes et sur les choses, échappaient à cette verve de conversation particulière à l'Empereur et encore excitée par l'opposition fréquente, bien que mesurée, de son compagnon. On verra quelle liberté, quelle élasticité d'esprit Napoléon conservait après de si grands désastres et dans une situation si précaire et si périlleuse.

À l'ouverture de la campagne de 1813, le duc de Vicence suivit à l'armée l'Empereur qui, depuis son retour de Russie, l'avait tenu éloigné de ses conseils, où la franchise du duc ne savait point farder un avis salutaire.

La retraite de Moscou avait commencé une série d'événemens qui s'entassaient coup sur coup, comme pour amener plus vite l'inévitable catastrophe. Dans les quinze ou seize mois qui vont s'écouler jusqu'à la chute de l'Empire, *des combats de géans* seront de glorieuses et vaines protestations contre la fatalité qui en a d'avance marqué l'issue. Ces combats étaient entremêlés de négociations, et la plupart furent confiées au duc de Vicence. Après avoir subi toutes les contrariétés de vains débats, dont on aurait pu d'avance prévoir le résultat, il revenait sur le champ de bataille prendre sa part des dangers de la guerre, et il enviait le sort de ceux que rien ne forçait à s'en éloigner. Les détails de sa vie sont désormais si intimement liés aux détails des événemens, que nous n'essaierons pas de les en séparer.

La défection du général Yorck avait livré aux Russes, commandés par Wittgenstein, le passage du Niémen. Cet acte, d'abord désapprouvé par le monarque prussien, avait été bientôt justifié par le traité d'alliance conclu le 1er mars entre la Prusse et la Russie. Kutusoff et Wittgenstein, pénétrant en Saxe et en Silésie par le nord et par l'est, l'inondaient de leurs soldats et de leurs proclamations. Décidée d'avance à venir au secours du vainqueur, l'Autriche attendait, avec sa prudente longanimité, que la victoire se fût aussi décidée. Toutefois elle avait cru, depuis quelque temps, pouvoir, sans trop de danger, laisser transpirer ses desseins. Le prince de Schwartzenberg, envoyé à Paris au commencement d'avril, avait d'abord affirmé que le général Frimont obéirait aux instructions du major-général des armées françaises. Quinze jours après, le premier ministre de l'Autriche, interpelé sur le même objet, par notre ambassadeur à Vienne, avoua que le général autrichien n'obéirait pas. Il déclara, de plus, *que l'Autriche élevait sa simple intervention à une médiation armée, et qu'elle se mettrait en mesure de soutenir son nouveau rôle, en organisant des forces respectables.* Napoléon sentit peut-être alors, que son impatience l'avait empêché de profiter, aussi long-temps qu'il l'aurait pu, des irrésolutions de notre douteux allié. Il eut presque à regretter d'avoir, à Vienne, un ambassadeur trop habile et trop clairvoyant [1].

La victoire sanglante et contestée de Lutzen replongea le cabinet de Vienne dans toutes ses hésitations. Napo-

1 M. le comte de Narbonne.

léon restait maître de la rive gauche de l'Elbe. Le roi de Saxe venait de rentrer dans sa capitale, à la suite de notre armée. Le 16 mai, un envoyé [1] de l'Autriche arrive à Dresde; il obtient une audience de l'Empereur, et, le lendemain, il continue sa conférence avec le duc de Vicence, chargé de l'entretenir en l'absence du duc de Bassano. Cet envoyé ne peut disconvenir que le traité d'alliance de 1812, ne soit suspendu dans quelques uns de ses articles; mais il proteste de la bonne volonté constante de la cour de Vienne et de son empereur, dont la dynastie se trouve, dit-il, confondue d'intérêts avec celle qui règne sur la France. M. de Bubna repart sans qu'aucune décision ait été prise; mais il est convenu qu'un congrès se rassemblera à Prague, si les alliés en acceptent la proposition; et qu'en attendant, l'offre d'un armistice sera comme un acheminement vers la paix. Le 18, Napoléon, marchant sur Bautzen, termina sa première journée au château de Hartau. Là, le duc de Vicence rejoignit le quartier-général, et l'Empereur lui dicta ses instructions pour la conclusion de l'armistice, ou même de la paix, si l'on s'accordait pour la convocation d'un congrès. Le duc de Vicence se rendit aux avant-postes, et sollicita l'honneur d'une entrevue avec l'empereur de Russie.

Cependant, la guerre allait plus vite que les négociations. Les alliés venaient de reculer encore sur les champs de bataille de Bautzen et de Wurtchen; mais la victoire ne s'était donnée, comme à Lutzen [2], qu'aux prix d'un sang précieux. Le Grand-maréchal [3] avait été tué auprès du duc de Vicence. Ce dernier reçut,

1 Le comte de Bubna.

2 La veille de la bataille, le duc d'Istrie (Bessières) avait été tué.

3 Duroc. Le même jour vit tomber les généraux Kirgener et Bruyères.

du plénipotentiaire de la Russie, une réponse datée du 20, mais qui ne parvint à son adresse qu'après les journées des 20 et 21. M. de Nesselrode, tout en annonçant le refus de l'entrevue sollicitée par le duc de Vicence, l'engageait à faire des ouvertures diplomatiques. Le duc répondit : « qu'il n'était chargé d'aucune » ouverture ; qu'il devait seulement, en profitant de » l'audience que Sa Majesté Impériale aurait daigné » lui accorder, et dans le cas où elle aurait été disposée » à éviter la bataille, lui proposer un armistice. » Il ajouta : « qu'il continuait d'être chargé de la même » commission. »

Pendant que ces paroles de paix arrivaient aux Alliés, la marche de l'armée française en Silésie, dont le général Lauriston venait d'occuper la capitale, leur en faisait sentir toute l'opportunité. Aussi ne tardèrent-ils pas à envoyer leurs plénipotentiaires pour l'armistice, qui fut enfin conclu à Pleswitz, le 4 juin. Napoléon renonçait à la possession de Breslaw, abandonnait sa ligne de l'Oder, et consentait à se replier sur Liegnitz. Cette suspension d'armes, dont nos soldats sans doute avaient besoin, était plus nécessaire encore aux Alliés. Elle leur donna le temps de rassembler leurs forces, de resserrer leurs alliances, et d'en consolider les bases : *Napoléon*[1] *n'avait point su deviner leur secret*. Avant même que les négociations pour la paix se fussent ouvertes à Prague, une convention secrète avait été signée à Reichenbach, entre les Alliés et l'Autriche, et cette puissance avait encore son représentant aux conférences de Trachenberg.

Le cabinet autrichien poursuivait en même temps ses négociations auprès de Napoléon, qui lui reprochait

1 *Biographie Michaud.*

d'abuser du rôle de médiateur, pour passer, sans risque, d'un camp dans l'autre, et en juger le fort et le faible, avant de prendre un parti décisif. Il ne sut point ou ne voulut pas contenir sa colère; et une sanglante injure, profondément sentie et prudemment dissimulée par le principal négociateur de l'Autriche, fixa peut-être, dès ce moment, l'irrésolution de cette cour. Toutefois, sa médiation fut acceptée, l'ouverture du congrès de Prague fixée au 5 juillet, et le duc de Vicence choisi, avec le comte de Narbonne, pour y défendre les intérêts de la France.

Un malentendu, sur la prolongation de l'armistice, retarda, jusqu'au 26 juillet, la réunion des plénipotentiaires. Néanmoins, les Alliés consentirent à différer, jusqu'au 10 août, la dénonciation de l'armistice. De son côté, Napoléon se plaignait de ce qu'une des puissances eût choisi, pour son plénipotentiaire, un *Français*, jusqu'alors rarement employé dans des missions d'état, et dont la nomination allait tout droit à l'encontre d'un décret de 1811. Sous ce prétexte, au moins spécieux, il retint quelques jours le duc de Vicence; mais enfin il le laissa partir; et ce fut encore une concession faite, selon les uns, à la nécessité, selon d'autres, à l'amour de la paix.

Peut-être cet amour de la paix n'était-il bien sérieux que dans l'âme de celui qui, dès 1811, avait déconseillé la guerre. Peut-être encore aurions-nous quelque raison d'avancer que de singuliers engagemens diplomatiques, parfaitement étrangers au cabinet français, avaient, d'avance, frappé de stérilité tous les efforts que l'on aurait pu faire pour accomplir cette œuvre difficile. On en jugera par un simple compte rendu des séances du congrès.

Les difficultés de tout genre, qui en avaient retardé

l'ouverture, et dont chacune des parties rejetait la faute sur l'autre, s'arrangèrent après une longue perte de temps, et, le 29 juillet, tous les plénipotentiaires furent à Prague.

Ce même jour, M. de Metternich, en vertu de son titre de médiateur, remit aux plénipotentiaires français une première note, par laquelle il leur proposa d'adopter le mode des transactions par écrit, se chargeant de les transmettre lui-même d'une partie à l'autre, de préférence au mode de conférences qui présenterait, selon lui, une foule d'embarras d'étiquette, de discussion, de rédaction, de confrontation.

Le 31 juillet, seconde note de M. de Metternich. Il transmet aux plénipotentiaires de la France les notes de ceux de Russie et de Prusse, qui déclarent adopter le mode de négociations proposé par la puissance médiatrice.

Le 6 août, réponse des plénipotentiaires français. Ils se prononcent contre le mode des transactions par écrit, et s'étonnent de voir la puissance médiatrice jeter en avant des idées aussi imprévues qu'incompatibles avec le but de la réunion d'un congrès, puisqu'elles tendent à établir que les plénipotentiaires doivent négocier sans se connaître, sans se voir, sans se parler.

Le 8, M. de Metternich insiste sur l'exemple d'un ancien congrès et sur l'adhésion des plénipotentiaires alliés au mode des transactions par écrit.

Le 9, les négociateurs français protestent de leur vif désir d'écarter toute discussion qui n'aurait pas pour but de réaliser les plus chères espérances des peuples. Ils demandent qu'il soit fait en même temps usage des deux modes de négociations, comme on avait fait à Munster, à Nimègue, à Ryswick, dans les principaux congrès dont l'histoire fasse mention.

Le 10, M. de Metternich transmet avec sa propre note les réponses des plénipotentiaires alliés. Celui de la Russie se plaint amèrement de l'insulte grave faite à sa cour par notre note du 6, dans laquelle on avait dit *que la Russie avait donné à connaître qu'elle voulait ouvrir des négociations non dans le but de la paix, mais dans la vue de compromettre l'Autriche et d'étendre les malheurs de la guerre.*

Le même jour, les plénipotentiaires français répondent à ces griefs, et ils ajoutent que ces mots *le dernier jour des négociations*, dans la note du plénipotentiaire de Russie, amènent une réflexion bien douloureuse en donnant à penser qu'on renonce dès à présent à toute idée de conciliation.

Le 11, le médiateur notifie à nos plénipotentiaires la dissolution du congrès, le terme fatal de l'armistice étant écoulé. Les négociateurs se séparent, et le lendemain l'Autriche publie son manifeste de guerre, dans lequel elle déclare que *les alliés et l'Autriche étaient déjà réunis de principes avant que les traités eussent déclaré leur union*; aveu singulier pour des médiateurs.

A ces faux-semblans de réconciliation, la fin de l'armistice fit succéder de nouveaux combats, et là du moins l'animosité était sincère des deux côtés. La journée de Dresde avait peut-être ramené la fortune; le désastre de Culm l'éloigna pour jamais, et Léipsick décida de l'existence de l'Empire. Hanau acheva de remettre nos ennemis en possession de leur territoire; après cette dernière et sanglante restitution, ce fut le sol français que nos armes eurent à défendre. Dans ce dernier acte de notre longue lutte, le dernier du moins qui dût se jouer sur une terre étrangère, le duc de Vicence remplit le rôle que l'on pouvait attendre de lui. Nous empruntons les lignes qui vont suivre au judicieux auteur du *Ma-*

nuscrit de 1813[1] : « .... Nos troupes ne cessaient » d'arriver ; elles s'entassaient au milieu de la forêt » où Napoléon lui-même était arrêté, non loin du coude » qu'y fait la route. Une foule inquiète l'entourait. Il » se promenait en long et en large sur le chemin, don- » nant des ordres et causant avec le duc de Vicence. » Un obus tombe dans le fossé qui borde la route. » Le duc de Vicence se place aussitôt entre Napoléon » et le danger, et leur conversation continue, comme » si rien ne les menaçait. Autour d'eux on respirait à » peine ! Heureusement l'obus enfoui dans la terre n'a » pas éclaté. »

A l'époque où des propositions furent apportées de Francfort par M. le baron de Saint-Aignan, et lorsqu'il fut question d'un congrès à Manheim, les puissances alliées manifestèrent leur opinion sur la droiture et les vues pacifiques du duc de Vicence. Cette opinion était aussi celle de la France, et Napoléon, comme pour donner un gage de sa disposition à se rendre aux vœux et aux espérances de la nation tout entière, appela, au mois de décembre, le duc de Vicence au ministère des relations extérieures. Il débuta par conseiller à l'Empereur une grande et *complète* communication des ouvertures de Francfort, et une franche déclaration du gouvernement de négocier sur ces bases. L'idée de ce patriotique et loyal appel à la nation et à la publicité ne fut point accueillie. Bientôt après, le duc de Vicence fut envoyé comme plénipotentiaire à Fribourg et au congrès de Châtillon.

Napoléon, malgré mille assurances du contraire, se flattait de l'idée que la cour de Vienne ne pouvait sérieusement vouloir l'abaissement de l'Empire français.

1 *Manuscrit de* 1813, par le baron Fain.

Cette puissance par sa position au centre de l'Europe, et par sa situation intermédiaire entre les deux grands Etats du Nord et du Midi, lui paraissait intéressée, indépendamment de tant d'autres motifs, de ne point se séparer d'une dynastie qu'elle avait en quelque sorte *épousée*, à maintenir un équilibre nécessaire à la sûreté de l'Autriche elle-même. De plus, accoutumé à croire en sa fortune, il ne pouvait se persuader qu'elle l'eût trahi sans retour, ni s'empêcher de compter sur un succès décisif qui changerait la face des affaires. Pour apprécier avec justesse les débats et l'issue du congrès de Châtillon, il faut ne pas perdre de vue cette double fascination de l'Empereur.

Les derniers jours de janvier (1814) se passèrent en correspondance entre Napoléon et son plénipotentiaire, et entre ce dernier et le prince de Metternich. L'Empereur, sauf la remise de quelques places que, pour la plupart, il n'avait déjà plus, déclarait sa volonté de s'en tenir aux propositions de Francfort. Le duc de Vicence représentait à M. de Metternich l'opportunité d'une suspension d'armes, et l'invitait à presser la réunion des plénipotentiaires et l'ouverture des conférences. Enfin lord Castlereagh, dont l'absence avait servi de prétexte aux lenteurs des Alliés, arriva à leur quartier-général, et les conférences s'ouvrirent le 5 février.

Depuis nombre de jours le duc de Vicence avait été tenu dans une complète ignorance des événemens. Le jour même de l'ouverture des conférences, il n'avait encore reçu ni instructions précises, ni pleins-pouvoirs. Mais le malheur de Brienne et la marche combinée des trois grandes armées ennemies sur la capitale dissipèrent, pour un temps, les espérances de Napoléon. Le 6, le duc de Vicence reçoit de lui *carte blanche et tout pouvoir pour conduire la négociation à une heureuse issue, sauver la capitale et éviter une bataille où sont les dernières espérances de la nation.* Du reste, on ne l'instruisait pas davantage de ce qu'il lui était si important de savoir. Il crut devoir se plaindre d'un tel silence : « Je sens, écrivait-il à l'Empereur, le jour même où il reçut ses pleins-pouvoirs, » combien les momens sont précieux; » je sens d'un autre côté qu'en précipitant tout, on » perdrait tout. Je presse, mais avec la mesure que » prescrit le besoin de ne pas compromettre les grands » intérêts dont je suis chargé; je presse autant que je » puis le faire sans me jeter à la tête de ces gens-ci » et sans me mettre à leur merci. C'est dans cette situa» tion que je reçois une lettre pleine d'alarmes. J'étais » parti les mains presque liées, et je reçois des pou» voirs illimités. On me retenait et l'on m'aiguillonne. » Cependant on me laisse ignorer les motifs de ce » changement. On me fait entrevoir des dangers, mais » sans me dire quel en est le degré; s'ils viennent » d'un seul côté ou de plusieurs..... Dans l'ignorance » où *l'on* me laisse, je marcherai avec précaution, » comme on doit le faire entre deux écueils; mais à » toute extrémité, je ferai tout ce que me paraîtront » exiger la sûreté de Votre Majesté et le salut de mon » pays. »

Cette incertitude si pénible au duc de Vicence, il la cachait avec soin aux regards de ceux qui auraient été intéressés à en profiter. Son attitude, comme de coutume, était franche et décidée. Il ne voulait pas *se jeter à la tête* des négociateurs; mais d'un autre côté il ne recula pas un instant devant l'immense responsabilité que l'usage de ses pleins-pouvoirs devait naturellement faire peser sur lui. C'est ici qu'un simple coup d'œil jeté sur les faits et sur leur date pourra faire apprécier à sa juste valeur une inculpation fausse et malveillante. On a écrit que le duc de Vicence, qui depuis 1812 s'était montré grand partisan de la paix, ne l'avait point voulu faire à Châtillon, lorsqu'il en était pleinement le maître. Rien n'est moins fondé qu'une telle assertion. Nous avons vu que les pleins-pouvoirs du duc de Vicence lui arrivèrent *le 6 février. Le 7*, les plénipotentiaires alliés consignèrent la demande qui formait la base fondamentale de leurs instructions, savoir, *que la France rentrât dans les limites qu'elle avait avant la Révolution*; et la suite des conférences fut remise au surlemain. *Le 9*, le duc de Vicence écrivit au prince de Metternich qu'il acceptait *la demande principale*, sous la condition seulement d'un armistice immédiat, et dans la supposition de cet armistice, il s'annonçait comme prêt à remettre sur-le-champ une partie des places dont l'acceptation de la demande principale entraînait la perte. Il était naturel d'espérer que la réponse des Alliés ne se ferait pas attendre. Cependant ce ne fut que six jours après, le 15, que M. de Metternich répondit qu'il avait été autorisé à faire usage de la lettre du duc de Vicence (du 9) auprès des cabinets alliés, et que les plénipotentiaires avaient reçu l'ordre d'entrer en pourparlers sur la proposition que renfermait cette lettre. Ces pourparlers, c'est-à-dire les conférences ne furent reprises que le 17. Mais dans cet intervalle du 9 au 17, Napoléon avait repoussé Blücher et les Prussiens à Champaubert (le 10), à Montmirail (le 11), à Vauchamp (le 14). La hardiesse de son génie et les incroyables efforts de nos soldats lui avaient rendu toutes ses illusions; et il avait envoyé à son plénipotentiaire à Châtillon courrier sur courrier pour l'empêcher de conclure et pour révoquer ses pleins-pouvoirs. Dès lors le duc de Vicence se retrouva les mains liées comme avant le 6. Mais il suffit qu'il se fût servi sans délai comme sans timidité du temps où il les avait eues libres.

On sait que des semaines furent encore perdues en vains pourparlers. Un projet de traité fut offert à Napoléon qui le rejeta, et son ministre à Châtillon lui demanda inutilement des instructions sur le contre-projet qu'il devait remettre. Le traité de la quadruple alliance fut signé le 1er mars. Le 13, les plénipotentiaires alliés sommèrent le duc de Vicence de donner une réponse catégorique et définitive. Le 15, il présenta un contre-projet auquel les confédérés répondirent le 18 par la rupture des conférences. Mais ce n'est point l'histoire d'un congrès que nous voulons faire; nous avons seulement à suivre au milieu de tant de débats si graves et après tout si inutiles, celui que la confiance de son souverain y avait jeté seul contre tant d'adversaires. Sa correspondance peindra mieux que nos paroles ses anxiétés, ses dégoûts, ses souffrances de tout genre pendant ces quarante jours et leurs quarante longues nuits qu'il passa complètement sans sommeil. Cette période de sa vie se présente encore au souvenir de ses amis, comme la plus empreinte d'un vif et douloureux intérêt; car ce furent, on peut le dire, ces insomnies, ces travaux, ces inquiétudes au-dessus des forces humaines qui jetèrent dans la constitution du duc de Vicence le germe du mal cruel auquel il a succombé.

Le 8 février, il écrivit au prince de Metternich : « Vous » m'avez autorisé, mon prince, à m'ouvrir à vous sans » réserve. Je l'ai déjà fait, je continuerai; c'est une con» solation à laquelle il me coûterait trop de renoncer. Je » regrette, chaque jour davantage, que ce ne soit pas avec » vous que j'aie à traiter; si j'avais pu le prévoir, je » n'aurais point accepté le ministère, je ne serais point » ici, je serais dans les rangs de l'armée, *et j'y pourrais*

» *du moins trouver, en combattant, une mort qu'il me* » *faudra mettre au rang des biens, si je ne peux servir* » *mon prince et mon pays.* » Deux jours après, le même sentiment de tristesse et la même conscience de l'inutilité de ses efforts contre tant d'intérêts, d'intrigues, de passions et d'opiniâtretés, lui dictaient ces lignes à l'Empereur : « La force des événemens prend un tel empire, » que la sagesse et la prévoyance humaine ne peuvent » plus rien. S'il n'y a de salut que dans les armes, je » prie Votre Majesté de me compter au nombre de ceux » qui tiennent à honneur de mourir pour leur prince. » Il faut bien en convenir, un dévouement si pur et si désintéressé ne fut pas toujours, ni de tous les côtés, également apprécié. Ainsi, tandis que le ministre étranger, dont nous avons parlé tout à l'heure, répondait au duc de Vicence : « Votre Excellence ne doit pas regretter d'a- » voir accepté le ministère ; il n'est beau que dans des » temps difficiles ; » dans le temps même où touché peut-être des souffrances d'une âme si loyale, il lui écrivait, avec une sorte d'abandon, un peu suspect sans doute dans un diplomate peu fait aux épanchemens : « ..... Vous voyez que je vous parle avec franchise, » comme à l'homme de la paix.... Je vous ai voué, mon » cher duc, la confiance la plus entière. Il dépend en- » core, de votre maître, de faire la paix[1].... Le trône » de Louis XIV, avec les ajoutés de Louis XV, offre » d'assez belles chances pour ne pas devoir être mis sur » une seule carte. » Dans ce même temps, disons-nous, son zèle était payé par un mécontentement injuste, et qu'on lui faisait témoigner avec dureté. Il s'en plaignit à l'auteur même de cette injustice, avec sa franchise accoutumée et de ce ton de tristesse profonde, mais

1 Cette Lettre est du 18 mars.

sans amertume, dont ses paroles commençaient dès lors à s'empreindre [1]. Du reste, nulle considération d'intérêt personnel, nul sacrifice à ces vaines et méticuleuses convenances, que la circonspection même, quand elle ne va pas jusqu'à la faiblesse, s'impose en présence du

1 Lettres à l'Empereur, du 5 et du 6 mars 1814. — *Manuscrit de 1814* (Fain), pag. 328 – 330 :

Lettre du duc de Vicence à Napoléon.

Châtillon, le 5 mars 1814.

Sire,

J'ai besoin d'exprimer particulièrement à V. M. toute ma peine de voir mon dévouement méconnu. Elle est mécontente de moi ; elle le témoigne et charge de me le dire. Ma franchise lui déplaisant, elle la taxe de rudesse et de dureté..... Dans la situation où sont les esprits, dans l'état de fièvre où est l'Europe, dans celui d'anxiété et de lassitude où se trouve la France, la prévoyance doit tout embrasser ; elle n'est que de la sagesse. V. M. voudrait, je le comprends, vacciner sa force d'âme, l'élan de son grand caractère à tout ce qui la sert, et communiquer à tous son énergie ; mais votre ministre, Sire, n'a pas besoin de cet aiguillon. L'adversité stimule son courage, au lieu de l'abattre ; et s'il vous répète sans cesse le mot de paix, c'est parce qu'il la croit indispensable, et même pressante, pour ne pas tout perdre. C'est quand il n'y a pas de tiers entre V. M. et lui, qu'il lui parle franchement. C'est votre force, Sire, qui l'oblige à vous paraître faible ; tout au moins plus disposé à céder qu'il ne le serait réellement. Personne ne désire, ne voudrait plus que moi, consoler V. M., adoucir tout ce que les circonstances et les sacrifices qu'elles exigeront, auront de pénible pour elle ; mais l'intérêt de la France, celui de votre dynastie me commandent avant tout d'être prévoyant et vrai. D'un instant à l'autre, tout peut être compromis par ces ménagemens qui ajournent les déterminations qu'exigent les grandes et difficiles circonstances où nous sommes. Est-ce ma faute si je suis le seul qui tient ce langage de dévouement à V. M.? si ceux qui vous entourent, et qui pensent comme moi, craignant de lui déplaire et voulant la ménager, quand elle a déjà tant de sujets de contrariété, n'osent lui répéter ce qu'il est de mon devoir de lui dire ? Quelle gloire, quel avantage peut-il y avoir pour moi à prêcher, à signer même cette paix, si toutefois on parvient à la faire ? Cette paix, ou plutôt ces sacrifices ne seront-ils pas pour V. M. un éternel grief contre son pouvoir, ne venait tempérer l'austérité de son langage. Un membre du corps diplomatique que, depuis, ses services et la juste confiance du prince ont élevé et maintiennent à un poste éminent, crut qu'il appartenait, à son attachement pour le duc de Vicence, de l'en-

plénipotentiaire? Bien des gens en France, qui en sentent aujourd'hui la nécessité, ne me la reprocheront-ils pas, six mois après qu'elle aura sauvé votre trône? Comme je ne me fais pas plus d'illusion sur ma position que sur celle de V. M., elle doit m'en croire. Je vois les choses ce qu'elles sont, et les conséquences ce qu'elles peuvent devenir. La peur a uni tous les souverains; le mécontentement a rallié tous les Allemands. La partie est trop bien liée pour la rompre. En acceptant le ministère dans les circonstances où je l'ai pris, en me chargeant ensuite de cette négociation, je me suis dévoué pour vous servir, pour sauver mon pays; je n'ai point eu d'autre but; et celui-là seul était assez noble, assez élevé pour me paraître au-dessus de tous les sacrifices..... V. M. peut dire de moi tout le mal qu'il lui plaira : au fond de son cœur elle ne pourra en penser, et elle sera forcée de me toujours rendre la justice, de me regarder comme un de ses plus fidèles sujets, et l'un des meilleurs citoyens de cette France, que je ne puis être soupçonné de vouloir avilir, quand je donnerais ma vie pour lui sauver un village.

Je suis, etc.

Signé Caulaincourt, duc de Vicence.

Lettre de M. le duc de Vicence à Napoléon.

Châtillon, 6 mars 1814.

Sire,

La question qui va se décider est si importante; elle peut, dans un instant, avoir tant de fatales conséquences, que je regarde comme un devoir de revenir encore, au risque de lui déplaire, sur ce que j'ai mandé si souvent à V. M. Il n'y a pas de faiblesse dans mon opinion, Sire, mais je vois tous les dangers qui menacent la France et le trône de V. M., et je la conjure de les prévenir. Il faut des sacrifices, il faut les faire à temps. Comme à Prague, si nous n'y prenons garde, l'occasion va nous échapper : la circonstance actuelle a plus de ressemblance avec celle-là que V. M. ne le pense peut-être. A Prague, la paix n'a pas été faite, et l'Autriche s'est déclarée contre nous, parce qu'on n'a pas voulu croire que le terme fixé fût de rigueur.

gager à ménager davantage la susceptibilité de l'Empereur : « Mon devoir, répondit le duc, est de lui dire la » vérité ; le sien, de l'entendre. »

Le temps arriva bientôt où cette vérité même devint inutile à dire, et où celui dont les malheurs venaient, peut-être, de ne l'avoir point voulu entendre, n'eut plus à demander, à ses anciens serviteurs, que des conso-

Ici les négociations vont se rompre, parce que l'on ne se persuade point qu'une question d'une aussi grande importance puisse tenir à telle ou telle réponse que nous ferons; et à ce que cette réponse soit faite avant tel ou tel jour. Cependant, plus je considère ce qui se passe, plus je suis convaincu que si nous ne remettons pas le contre-projet demandé, et qu'il ne contienne pas des modifications aux bases de Francfort, tout est fini. J'ose le dire comme je le pense, Sire, ni la puissance de la France, ni la gloire de V. M., ne tiennent à posséder Anvers ou tel autre point des nouvelles frontières.

Cette négociation, je ne saurais trop le répéter, ne ressemble à aucune autre; elle est même totalement l'opposé de toutes celles que V. M. a dirigées jusqu'ici. Nous sommes loin de pouvoir dominer : ce n'est qu'en suivant avec patience et modération la marche établie que nous pouvons espérer d'atteindre le but. Nous écarter de cette marche serait tout perdre. Les Anglais, à cause de leur responsabilité, et les hommes haineux qui sont ici, pour satisfaire leur passion, aimeront certainement mieux rompre que d'entamer la discussion en partant de ce point.

Les négociations une fois rompues, que V. M. ne croie pas les renouer, comme on a pu le faire dans d'autres occasions. On ne veut qu'un prétexte; et, faute de nous décider à prendre le parti qu'exigent les circonstances, tout nous échappera, sans que l'on puisse prévoir quand et comment on pourra revenir à des idées de conciliation.

Je supplie V. M. de réfléchir à l'effet que produira en France la rupture des négociations, et d'en peser toutes les conséquences. Elle me rendra encore assez de justice pour penser que, pour lui écrire comme je le fais, il faut porter au plus haut degré la conviction que ce moment va décider des plus chers intérêts de V. M. et de ceux de mon pays.

Je suis, etc.

Signé LE DUC DE VICENCE.

lations et quelques marques de ce dévouement qu'ils avaient tant de fois voué à sa fortune. S'il rencontra, dans quelques-uns de ceux qu'il avait le plus favorisés, une mémoire et un cœur infidèles, il dut trouver quelque consolation dans les constans efforts du duc de Vicence, pour adoucir une telle chute. Oubliant qu'il y allait de sa propre fortune, à défendre, comme il le faisait, les intérêts d'un pouvoir déchu, il soutint, presque seul, tous les efforts des vainqueurs, et ce ne fut pas toujours sans succès. Le plus influent de ceux à qui Napoléon avait confié la défense de ses intérêts, et par son caractère diplomatique, et par son crédit bien connu auprès de l'Empereur Alexandre, il ne recula point devant une situation qui l'exposait le plus en le mettant le plus en évidence. Il fut un de ceux qui, dans les premiers jours d'avril, apportèrent aux souverains alliés l'acte d'abdication de Napoléon; et il est permis de croire que la faveur dont il jouissait auprès du czar, contribua puissamment à rendre ce souverain facile sur toutes les concessions ultérieures que les plénipotentiaires de Napoléon étaient chargés de stipuler : la souveraineté de l'île d'Elbe; un établissement assuré en Italie, à Marie-Louise et à son fils; des revenus accordés à tous les membres de la famille impériale; des récompenses garanties aux officiers et aux serviteurs qui composaient la maison militaire et la famille domestique de Napoléon [1].

Le duc de Vicence retourna à Fontainebleau avec ce traité. Un événement étrange et mystérieux se passa avant qu'il pût obtenir la signature de l'ex-empereur. Napoléon, un instant abattu sous le poids de son infortune, fut sur le point de céder, et au souvenir de quel-

1 Cette générosité est restée sans effet.

ques grands exemples (moins grands que celui qu'il a laissé), et aux cruelles injures de ceux qui lui reprochaient de n'avoir point su mourir. Il fut au moment de dénouer ce grand drame comme une tragédie vulgaire, et de tromper sa destinée qui lui réservait encore quelques éclats de gloire et une autre catastrophe. Le duc de Vicence accourut des premiers dans cette chambre [1], d'*où s'échappaient des gémissemens et des sanglots.* Il fut de ceux qui entouraient le lit de Napoléon, lorsqu'il se leva tout pâle des souffrances de la nuit; et que s'écriant : *Dieu ne le veut pas!* il s'abandonna à la Providence.

Au mois de mars 1815, le duc de Vicence ne vit rien, dans sa vie passée, qui dût l'empêcher de prendre sa part des dangers communs, quand l'étranger était sur nos frontières. Ses vœux étaient pour un commandement dans l'armée. Ses antécédens le firent rappeler au ministère des affaires étrangères; et, après la seconde abdication, il fut nommé membre de la Commission du Gouvernement.

« La Restauration [2] rendait sa situation difficile. Pour-
» suivi par des préventions dont l'injustice le blessait
» dès long-temps, il avait trop de fierté pour rechercher
» une indulgence dont il sentait qu'il n'avait nul besoin....
» Il voulait porter tête haute toute sa vie passée. D'autres
» se seraient fait pardonner humblement des crimes
» réels; pour lui, il n'eût pas enduré avec patience de
» courber son front sous de fausses apparences. Il se
» retira de la scène publique et vécut dans la retraite. »

La paix de cette retraite fut troublée par une circonstance qu'il importe de rappeler ici pour l'honneur d'un caractère si noblement soutenu jusqu'à la fin. Dans un

1 *Manuscrit de* 1814, p. 256.
2 *Notice sur le duc de Vicence.*

ouvrage intitulé *Campagne de* 1814, et publié en 1820, l'auteur, bien disposé d'ailleurs pour le duc de Vicence qu'il représentait avec raison comme celui de tous les conseillers de Napoléon qui avait le plus anciennement et le plus énergiquement prostesté contre la guerre, avait travaillé à établir que ces protestations et les plus salutaires avis des amis de la paix avaient échoué contre l'obstination personnelle et la vaine confiance de Bonaparte. Le duc de Vicence aurait pu garder le silence. Le récit de l'écrivain n'avait rien que de très-honorable pour le plénipotentiaire de Prague et de Châtillon. L'opinion publique entourait de sa faveur les partisans de la paix, et peu de gens auraient blâmé une discrétion prudente qui eût laissé sans réponse cette accusation de plus contre un pouvoir qui, depuis sa chute, comptait tant d'accusateurs. Tel ne fut pas le calcul du duc de Vicence. Dans une lettre adressée aux rédacteurs des divers journaux, il déclara qu'il était absolument étranger à la communication de ses correspondances et à leur publication. De plus, il demanda l'insertion d'un extrait des ordres de *Napoléon*, « pour ne point laisser ignorer » à la France, à l'Histoire (telles furent ses expressions), » les motifs d'intérêt national et d'honneur qui empê» chèrent *l'Empereur* de souscrire aux conditions que » les étrangers voulaient nous imposer. » Cette publication fut diversement commentée. Pour rétablir la vérité des faits, le duc de Vicence écrivit directement au président du conseil des ministres : « Etonné, dit-il » dans cette lettre, de trouver textuellement citée ma » correspondance officielle, et même une lettre confiden» tielle à M. le prince de Neufchâtel, je me plaignis de » cette communication ; le ministère ne l'a point ignoré. » Aujourd'hui on me reproche la publication d'une pièce » qui appartient au domaine de l'Histoire et d'une his-

» toire déjà écrite : pouvais-je me taire? Pouvais-je » accepter la bienveillance du public aux dépens de » celui qui ne peut plus se défendre? Pouvais-je, moi » l'ancien dépositaire de ses pouvoirs, l'ancien avocat » de sa cause au congrès de Châtillon, laisser l'Europe » juger sur une demi-vérité, lui et le ministère dont je » faisais partie, quand j'avais dans les mains la vérité » tout entière? Le pouvais-je, quand par le caractère » confidentiel d'une de ces lettres on pouvait supposer » que je n'étais pas étranger à leur publication? Placé, » malgré moi, dans une situation délicate, entre l'in- » convénient personnel de dire la vérité, et la lâcheté » de me taire, je n'ai point hésité. Je n'ai point fait au » Roi, sur son trône, l'injure de croire que la citation » d'un fait antérieur à son retour pût blesser sa dignité.

» On va, dit plus loin le duc de Vicence, jusqu'à me » reprocher d'avoir manqué, dans le choix de mes ex- » pressions, aux bienséances légales [1], comme s'il y » avait une autre manière d'exprimer ce qui existait » à l'époque dont je parlais ; comme si la dénomination » dont je me suis servi, n'était pas employée journelle- » ment et sans blâme dans les tribunaux, dans une foule » de discours et d'écrits; comme si l'oubli des égards » dus à un gouvernement qui a régi la France pendant » tant d'années, ne serait pas une insulte à la nation » qui lui a obéi, et peut-être un manque de respect à » l'Europe et au Roi lui-même.

» .... J'ai l'honneur de le répéter encore à » Votre Excellence, la publication qu'on me reproche » n'a été de ma part qu'un hommage à la vérité, une » action de conscience, et non point une affaire de parti » ou d'opinion. Je ne me suis consulté avec personne;

1 En se servant de cette dénomination : *l'Empereur*.

» mon conseil n'a été qu'en moi et en moi seul. Si ce » que j'ai cru honorable doit être blâmé; si mes inten- » tions quoique pures peuvent être soupçonnées, je suis » prêt à livrer ma personne comme le Roi voudra, et » jusqu'à ce que le gouvernement de Sa Majesté ait » acquis la preuve, s'il ne l'a déjà, que ma conduite et » mes actions ont été et sont aussi franches et loyales » que la démarche que je crois devoir faire dans ce mo- » ment près de Votre Excellence. »

Cette lettre qu'on ne nous reprochera point sans doute d'avoir citée presque tout entière, ne fut pas trouvée suffisante pour la justification du duc de Vicence. Une action judiciaire fut intentée. Voici ce que nous trouvons dans ses réponses au magistrat chargé de l'interrogatoire : « Le récit de l'auteur n'avait rien que » de très-honorable pour moi; mais plus il me traitait » favorablement, plus il me représentait comme ayant » été l'apôtre de la paix, et plus je me trouvais blessé » de voir qu'on *pût* croire que j'avais fourni des maté- » riaux pour écrire l'Histoire aux dépens de celui que » j'avais servi et du ministère dont je faisais partie......

» Mes intentions ont été pures et, j'ose dire, hono- » rables; si ma vie civile et politique n'a pu me mettre » à l'abri de la nécessité de paraître devant vous, Mon- » sieur le juge d'instruction, j'ai la confiance de croire » qu'en jugeant de mes motifs par cet exposé des senti- » mens qui m'ont guidé, la justice ne verra dans ma » conduite que l'action d'un honnête homme. »

La justice en effet n'y vit pas autre chose. Par un arrêt dont le principal motif nous cause aujourd'hui quelque surprise, tels et si rapides ont été les progrès de nos mœurs constitutionnelles, la Cour décida *que la qualification inconvenante d'Empereur, se référant à l'époque du congrès de Châtillon, ne constituait pas une attaque formelle contre l'autorité du Roi*, et déclara « qu'il n'y avait lieu à suivre contre le duc de Vicence. » Telles furent les dernières relations du duc de Vicence avec le public et les affaires. Nous voulons ici nous abstenir de toute réflexion. Qui pourrait n'être pas frappé comme nous de tant de dignité de langage et de conduite?

Émus du spectacle d'une telle probité, il nous est pénible d'avouer que, dans la solitude que s'était imposée le duc de Vicence et à laquelle les offres brillantes d'un puissant Empereur ne purent l'arracher, les affections de famille si douces pour son cœur, le commerce de l'amitié, le plaisir de faire du bien, ne suffirent point à rendre sa vie heureuse. « Les âmes[1] fières » souffrent d'autant plus de l'injustice des hommes » qu'elles ne s'en plaignent jamais. La pensée qui les » préoccupe les ronge intérieurement, sans qu'aucune » effusion vienne les soulager. C'est un genre de souf- » frances qui n'appartient pas à tous, et dont il est » honorable de sentir toutes les angoisses. » Ce triste honneur, le duc de Vicence le subit dans toute son amertume. Toutefois de puissantes consolations s'y mêlèrent dans les dernières années de sa vie. Son âme à la fois grave et aimante était faite pour les idées religieuses. Sans vaine ostentation, comme sans fausse honte, il n'hésita point à pratiquer comme un devoir ce qu'il y honorait comme une vérité. Il semblait à son esprit ferme et décidé qu'il ne faisait que tirer les dernières conséquences du principe qu'il avait admis. Peut-être aussi que, se détournant du spectacle des hommes, dégoûté qu'il était de la méchanceté calomnieuse des uns, et de l'ignorance ou de l'indifférence des autres,

1 *Notice sur le duc de Vicence*.

il sentait le besoin d'en appeler à un tribunal dont il attendait toute justice et toute impartialité. Pour justifier sa mémoire, dans l'esprit même des plus prévenus, il sentait qu'il suffirait de la solennité des dernières paroles d'un mourant; mais une telle réparation n'eût point suffi pour tant d'injustice. Il imaginait quelque chose au-delà; il avait comme un pressentiment qu'un autre prix lui était dû. Ses adieux à la personne qu'il avait raison d'aimer le plus se sentirent à la fois et des souvenirs d'une vie domestique qu'elle avait partagée et embellie, et des espérances qui adoucissaient une séparation si cruelle. Ses derniers conseils à ses enfans furent tels qu'on pouvait les attendre de lui. La meilleure leçon qu'il pût leur donner, c'était l'exemple de toute sa vie. Il voulut y joindre celui de sa mort, et l'un fut digne de l'autre.

Le duc de Vicence mourut le 19 février 1827, âgé de 52 ans.

www.ingramcontent.com/pod-product-compliance
Ingram Content Group UK Ltd.
Pitfield, Milton Keynes, MK11 3LW, UK
UKHW021123230726
13926UKWH00002B/619